Für:

_____

Von:

_____

# Ein Schutzengel für dich

COPPENRATH

Dein Engel ist dir immer nah.

Ein Engel ist jemand, den Gott dir
ins Leben schickt, unerwartet und
unverdient, damit er dir, wenn es ganz
dunkel ist, ein paar Sterne anzündet.
So einen unerwarteten Engel wünsche
ich dir, mir und uns allen!

Anonym

*Von der ersten Stunde an sind wir behütet.*

Das Lachen ist ein
leichtes silbernes Glöckchen,
das uns ein guter Engel mit auf
den Lebensweg gegeben hat.

Joseph Roth

Wo Engel hausen,
da ist der Himmel,
und sei's auch mitten
im Weltgetümmel.

Hafis

Engel können fliegen,
weil sie sich selbst nicht so schwer nehmen.

Aus Irland

Wer Engel sucht in dieses Lebens Gründen,
der findet nie, was ihm genügt.
Wer Menschen sucht,
der wird den Engel finden,
der sich an seine Seele schmiegt.

Christoph August Tiedge

*Möge es deiner Seele gut gehen!*

Der Engel ist geduldig,
der Engel ist mild.

Nikolai Ljesskow

*Wir können mit dem Herzen sehen.*

𝒲er unter Menschen nur einen Engel
sucht, der findet kaum Menschen.
Wer aber unter Menschen nur Menschen
sucht, der findet gewiss einen Engel.

Gottlieb Moritz Saphir

*Wenn wir uns von Herzen freuen,
ist ein Engel im Raum.*

Zum Mitleiden gehört nur ein Mensch,
zur Mitfreude ein Engel.

Jean Paul

*Der Himmel schenkt uns Geborgenheit.*

*Sterne* sind die Vergissmeinnicht der Engel.

Henry Wadsworth Longfellow

*Vielleicht muss man hin
und wieder genau der Engel sein,
auf den jemand hofft.*

Der Engel, nach dem ihr ausschaut,
er ist schon unterwegs.

Mal 3,1

𝒲ir sind alle Engel mit nur einem Flügel.
Um fliegen zu können,
müssen wir einander umarmen.

Luciano De Crescenzo

Wenn du etwas Gutes getan
und ein anderer von dir
Gutes empfangen hat,
was verlangst du da noch ein Drittes?

Marc Aurel

*Ich wünsche dir,
dass deine Hoffnungen
sich erfüllen.*

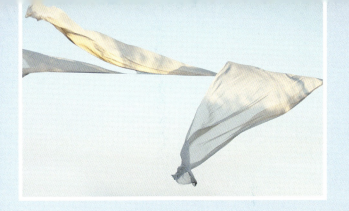

Einen Engel wünsch ich mir,
Gottes Nähe möchte ich spüren;
guter Engel, komm zu mir,
um mich zärtlich zu berühren.

Anonym

*Hab Vertrauen!*

Gutes und Böses ist in der Natur verwischt, aber nicht in gleichem Maße; des Guten ist weit mehr.

Johann Bernhard Basedow

*Eine unsichtbare Hand führt uns.*

Gott befiehlt seinen Engeln,
dich zu beschützen, wohin du auch gehst.

Psalm 91

*Engel schauen nicht auf Äußerlichkeiten, sondern auf den Kern der Dinge.*

Wer ihn liebt, dem ist jeder Mensch ein guter Engel, der ihn zum Guten führt, es kommt eben nur auf das Herz an.

Jeremias Gotthelf

*Der Fröhliche tut Gutes
und sinnt auf Gutes.*

Römische Weisheit

*Die Engel lachten.*
Gott sah aus seinem siebten
Himmel herab und lächelte.

Isaac B. Singer

Die Musik ist die Sprache der Engel.

Thomas Carlyle

*Wenn Engel tanzen, so komponiert sich das Musikstück von selbst dazu.*

Gustav Theodor Fechner

*Du bist nie allein.*

Sie kommen noch immer
durch den aufgebrochenen Himmel,
die friedlichen Schwingen ausgebreitet,
und ihre himmlische Musik schwebt
über der ganzen Welt.

William Shakespeare

*Öffne deine Augen für die Wunder der Welt.*

Der Engel Gottes hatte uns
an einen guten Ort geführt und vor uns
die Herzen der Menschen und
die ganze Natur aufgetan.

Nikolai Ljesskow

*Immer wieder
ein Licht entzünden!*

W o's gilt,
der Liebe Botschaft zu verkünden,
da ist der Engel Charitas zu finden.

Ottokar Kernstock

Das Grün der Wiesen erfreue deine Augen,
das Blau des Himmels überstrahle
deinen Kummer, die Sanftheit der Nacht
mache alle dunklen Gedanken unsichtbar.

Segenswunsch

Engel und Diener der Gnade
schützen uns.

William Shakespeare

*Der Himmel hat sich
deiner angenommen.*

Gutes für die Menschen?
Was heißt Gutes?
Nur eins: *Liebe.*

Leo N. Tolstoi

*Ich wünsche dir einen Engel!*

Mit seinem Fittich bedeckt
er dich und unter seinen
Flügeln findest du Zuflucht.

Psalm 91,4

ISBN: 978-3-649-61096-0
© 2012 Coppenrath Verlag GmbH & Co. KG
Hafenweg 30, 48155 Münster, Germany
Texte: Dagmar Becker
Textsatz und grafische Gestaltung: Stefanie Bartsch
Alle Rechte vorbehalten
Printed in China
www.coppenrath.de